REPROCHES

FAITS AU MARÉCHAL LUCKNER

A LA CONVENTION NATIONALE,

AVEC LA RÉPONSE A CES REPROCHES.

Séance du 27 septembre 1792.

De quel crime Luckner ne s'est-il pas rendu coupable en perdant la Belgique ?

QUAND le maréchal Luckner partit pour la Belgique, on lui avoit assuré que, du moment qu'il y entreroit, trente ou quarante mille hommes se réuniroient à lui. Il y est resté quatorze jours sans que personne se soit montré. Il se tenoit cependant à Courtray, et de-

A

mandoit avec instance du renfort au ministre de la guerre, soit pour s'y maintenir, soit pour marcher sur Gand, ce qu'il ne pouvoit tenter sans cela ; parce que l'ennemi, qui étoit sur le côté à Tournay, lui auroit infailliblement coupé sa retraite.

Le 24 juin (1) il fit partir le général Valence, porteur d'une de ses dépêches au ministre, et chargé de lui faire connoître la marche de l'ennemi et ses projets. Déja, le 18, il avoit demandé avec instance du renfort, et il ne recevoit aucune nouvelle.

Le 25 juin (2) le ministre lui écrivit que le roi lui donnoit carte-blanche ; dans ce moment une lettre de M. Dumouriez (3) à Lafayette annonçoit la marche des troupes prussiennes, et la nécessité de retourner couvrir sa droite.

Etoit-il possible au maréchal Luckner de rester, sans secours, dans une position qui l'exposoit à être enveloppé par des forces supérieures ?

Ne valoit-il pas mieux retourner pour couvrir les frontieres ?

Il a rendu compte au pouvoir exécutif de son retour sur Lille, et des motifs qui l'ont déterminé.

Le pouvoir exécutif les a fait connoître à l'assemblée nationale, qui, le 3 juillet, a rendu un décret portant *que le maréchal Luckner conserve la confiance de la nation* (4).

---

(1) Voyez la lettre n°. premier des pieces justificatives.
(2) Voyez la lettre n°. 2.
(3) Voyez la lettre n°. premier.
(4) Voyez le n°. 3.

Et c'est le 27 septembre qu'on lui fait un pareil reproche !

Même séance du 27 septembre.

On soutient que le maréchal Luckner n'a pas répondu au reproche le plus grave; celui d'avoir laissé impuni l'incendiaire Jarri.

On prétend qu'il est coupable de n'avoir pas fait assembler une cour martiale pour juger ce monstre, quoiqu'il y fût obligé par un décret; il demande que Luckner soit poursuivi comme un conspirateur et un traître.

C'est seulement le 27 septembre au soir, que le maréchal Luckner a connu les reproches qu'on lui fait sur l'impunité de Jarry.

Il n'a jamais pu parvenir à établir, dans l'armée du Nord, la cour martiale.

M. Dalency, commissaire-général, a envoyé un courier à Douay pour prescrire à M. Jujardy, commissaire auditeur, de rejoindre l'armée à Menin; ce commissaire n'a pas répondu, et s'est dispensé de se rendre à son poste. Dans ce moment même il n'est pas encore à l'armée du général Kellermann, où il n'y a pas de commissaire auditeur (1).

M. Malus, commissaire ordonnnateur et grand-juge, n'a pas joint l'armée, il a été nommé en chef à celle du Midi; enfin, tout-à-l'heure à l'armée du Nord (2).

Arrivé à Paris le 14 juillet, le maréchal Luckner a demandé comment la cour martiale devoit être com-

____

(1) Voyez le n°. 4.
(2) Voyez le même numéro.

posée pour juger un officier général, la loi n'ayant rien prononcé à cet égard.

A son retour à Metz, on lui a répondu qu'il falloit commencer à faire des informations (1). Il a sur-le-champ donné des ordres à M. Menu, commissaire ordinaire, au défaut de commissaire auditeur, de procéder aux informations; il y a travaillé, et la décision demandée n'est pas parvenue.

Il croit avoir prouvé que c'est sans fondement que ces reproches lui ont été faits.

On a dit que, lors de l'événement du 10 août, il avoit fait préparer des logemens pour marcher sur Paris.

Les commissaires de l'assemblée nationale se sont rendus à l'armée du centre le 23 août; ils ont reconnu la fausseté de cette inculpation; ils peuvent dire, puisqu'ils sont à Paris, dans quelle disposition ils ont trouvé l'armée qu'il avoit l'honneur de commander; ils diront aussi qu'ils n'ont fait qu'achever son ouvrage. Leur rapport prouve bien complettement toute leur satisfaction (2).

C'est d'après leur rapport que le pouvoir exécutif provisoire s'est déterminé à le nommer *généralissime*.

Ils ont recueilli des preuves non-équivoques de l'attachement de l'armée à son général, et de la confiance qu'elle avoit en lui.

---

(1) Voyez le n°. 5.
(2) Voyez le n°. 6, page 10 de la première partie, et 39 de la dernière.

On dit que le maréchal Luckner avoit son fils au service de l'Empire.

Rien n'est plus faux que cette assertion. Il a deux fils qui sont au service du Dannemarck , qui n'a donné à la France aucun sujet de plainte. L'ambassadeur de cette cour est à Paris , et attestera la vérité.

On a dit qu'il avoit renvoyé d'excellentes troupes.

Le 2 septembre il a reçu , à Metz l'ordre de se rendre à Châlons; il y est arrivé le 4.

Il n'y trouva ni officier-général ni officier de l'état-major; un seul commissaire des guerres y étoit.

Le ministre de la guerre avoit nommé tous les officiers qui devoient commander et surveiller le camp près de Châlons ; leur éloignement les avoit mis dans l'impossibilité de s'y rendre aussitôt que le maréchal.

La ville logeoit alors beaucoup de volontaires , dont la plus grande partie étoit sans armes, d'autres arrivant de Verdun ; d'autres, enfin, venant de tous les côtés , et par petit nombre , sans chefs, sans ordre et sans discipline.

Des troubles affreux étoient arrivés deux jours avant, une tête avoit été coupée; les corps administratifs , craignant de les voir renouveler, ont vivement sollicité le maréchal de faire refluer sur les derrieres les volontaires qui n'appartenoient à aucun corps , et qui n'étoient pas organisés.

Le procureur-général-syndic du département lui présenta un ordre à signer à cet effet; il s'apperçut plus tard que, dans ledit ordre , on y avoit ajouté celui de désarmer les hommes armés et non organisés , ce qu'il n'avoit pas eu l'intention de faire.

Il en est cependant résulté un bien , car le district

ayant distribué sur-le-champ des armes aux bataillons organisés qui en manquoient, ceux-là se sont trouvés de suite en état de servir utilement.

Le ministre, par sa lettre du 7 septembre, a approuvé le parti qui avoit été pris, de renvoyer les hommes non armés (1).

Si ces hommes étoient restés à Châlons, où on ne pouvoit leur donner des armes, ils auroient occupé des logemens, et consommé les vivres destinés pour l'armée qui devoit servir tout de suite.

Il a cru devoir envoyer à Meaux le bataillon ci-devant Walsch, éloigné du complet, parti sans armes, et composé d'une grande quantité de recrues.

Ce bataillon étoit accusé de tenir de mauvais propos, et avoit eu des affaires ; sa présence à Châlons ne pouvoit qu'être très-contraire au bon ordre et à la discipline qu'il étoit si essentiel d'établir.

D'ailleurs, l'arrivée d'une quantité prodigieuse de bataillons de volontaires étoit annoncée, et il étoit impossible de les loger tous, soit en ville, soit sous la toile ; tous les effets de campement n'étoient pas encore arrivés ; il falloit donc, nécessairement, placer sur les derrières ceux qui, pour le moment, ne pouvoient servir.

On a dit que le maréchal Luckner avoit perdu la confiance du soldat.

Il a déja dit que les commissaires de l'assemblée nationale avoient été témoins de l'attachement de l'armée pour son général. Il l'a quittée en même-temps que ces commissaires, et sûrement elle n'a

____

(1) Voyez le n°. 7.

pas eu de raison depuis pour cesser l'affection qu'elle lui portoit.

Pendant le séjour du maréchal Luckner à Châlons, la partie de l'armée du Nord commandée par le général Beurnonville y est arrivée ; il en a reçu des témoignages d'attachement bien flatteurs. Les volontaires parisiens qui s'y trouvoient alors, ont été témoins du plaisir que cette troupe, qu'il avoit conduite plusieurs fois au feu, a ressenti et exprimé en revoyant son général ; et il ne craint pas d'être démenti par elle, en assurant qu'elle lui conserve le même attachement.

On a dit que le maréchal Luckner étoit généralement haï à Châlons.

Il ne connoît pas les motifs qui auroient pu le faire haïr de cette ville, à laquelle il a rendu quelques services. Il en a reçu des témoignages de satisfaction bien contraires aux sentimens qu'on lui suppose.

Lorsqu'il régnoit une grande fermentation dans la ville, lorsqu'on vouloit égorger les prisonniers, elle sait qu'aussitôt qu'il en fut instruit, il se transporta à la prison, et parvint à calmer les esprits. Les prisonniers lui sont redevables de la vie ; un seul fut massacré avant son arrivée.

Une autre fois, pendant que les corps administratifs et les généraux étoient assemblés, on vit en un instant les canons braqués et dirigés sur la maison commune ; déja les mêches étoient allumées. Le maréchal se porte sur-le-champ où la fermentation régnoit, et parvint encore à calmer les esprits et à rétablir l'ordre.

Tous ces faits sont connus ; et c'est après une pareille conduite qu'on le suppose haï de la ville de Châlons !

Je viens de répondre aux différentes inculpations qui m'ont été faites, et les repousser sous les faits isolés. Je terminerai cette justification, par un court précis de l'ensemble dans lequel tous ces détails se trouvent encadrés.

Arrivé à Valenciennes j'y ai trouvé l'armée du Nord en partie désorganisée, tant par la suite de l'affaire de Mons, que par la retraite de M. Rochambeau, un état-major nul, et aucun remplacement des effets de campement perdus à Quiévrain.

Malgré l'état de pénurie dans lequel se trouvoit cette foible armée, j'ordonnai la marche pour le Brabant, et c'est pendant cette marche que les temps pluvieux ont rendu si pénible, que j'ai organisé les différentes parties de l'armée.

Arrivé à Lille, j'ai réuni à moi les troupes aux ordres du général Duhoux, quoiqu'elles manquassent d'effets de campement. J'ordonnai au général Carle de partir de Dunkerque, de passer à Ypres pour se réunir à mon armée vers Menin.

Les troupes, restées à Dunkerque, devoient marcher sur Furnes; Lafayette se portoit sur Maubeuge, Lanoue occupoit la position de Maulde.

Arrivé à Menin, j'ordonnai aussitôt et je fis moi-même l'attaque de Courtray. Mon avant-garde et ma réserve occuperent cette place.

L'ennemi se renforçoit à Tournay, ses postes s'avançoient jusques sur les glacis de Courtray, et chaque jour il s'engageoit des fusillades assez vives.

Je dois le dire : au commencement d'une guerre, et

à l'époque où l'armée étoit presqu'entièrement renouvelée en officiers, où l'avancement des grades supérieurs avoit été si rapide, *je devois trouver peu d'expérience*; j'ai donc dû, autant que cela a été possible, tout voir ou tout faire par moi-même, tant à l'avant-garde qu'à l'armée.

30 à 40 mille hommes m'étoient annoncés du moment où j'entrerois en Brabant; j'ai reçu 5 à 600 Belges; et c'est tout ce que j'ai pu obtenir. J'ai bien appris indirectement qu'on m'accusoit d'avoir mal accueilli des députations des Belges, notamment de Bruges; le fait est qu'il m'arrivoit par fois, un, deux, ou trois individus, qui, sans consulter ma position, vouloient à toute force que je marchasse vers eux; c'est-à-dire, que l'un vouloit me mener à droite, l'autre à gauche; en attendant, ils demandoient force argent, et ne produisoient pas un soldat : à tout cela je ne pouvois que répondre qu'on me fournît des hommes, et que je parcourrois la Flandre entière, mais que tant qu'on ne se montreroit pas différemment, cela devenoit impossible. C'est en vain que, d'un autre côté, j'ai écrit au ministre, et lui ai envoyé des officiers pour demander des forces qui me mettent à même d'assurer mes communications, et par-là de me porter, soit sur Gand, soit sur Bruges.

Pendant quatorze jours aucun mouvement ne s'est manifesté : je pourrois citer le bailliage de Roulens arrêtant les convois de fourrage, des citoyens armés tirant sur les patrouilles françaises; mais ces détails sans doute n'auroient rien signifié, si un mouvement majeur se fût indiqué pour me seconder dans tout le pays que je couvrois entre la mer et la Lys.

Les ennemis se portoient de Namur sur Mons, et de Mons sur Tournay : ils étoient plus nombreux que moi. Des corps étoient déja retranchés sur la route entre Courtray et Gand. Les attaques sur Courtray se succédoient continuellement, et ils étoient favorisés par les dehors de la ville extrêmement couverts.

L'ennemi menaçoit de m'attaquer à Menin ; ce qui m'obligea de pousser un corps sur la rive droite de la Lys, dont le double objet étoit d'assurer ma communication avec Lille.

J'avois déja été deux fois dans la journée ; de Menin à Courtray, lorsque j'appris que Jarry avoit ordonné d'incendier les fauxbourgs de cette dernière ville. Je partis pour la troisième fois ; j'arrive pour arrêter l'incendie, et les effets affreux d'un ordre qui me faisoit horreur, et j'improuve de la manière la plus sévère la conduite des généraux.

Je rendis compte sur-le-champ au pouvoir exécutif de la conduite de Jarry. Je n'avois ni commissaire-auditeur, ni grand-juge, par conséquent point de cour martiale : j'attendis les ordres du ministre.

Désespéré de la conduite de Jarry, j'apprends dans le même moment que la Lorraine étoit menacée. La position de Lafayette à Maubeuge laissoit tout le pays découvert entre la Sarre et l'Escaut. (Je répéterai que quatorze jours à Courtray n'avoient produit aucun mouvement dans le pays, dont je pusse tirer avantage.) Il n'étoit aucune combinaison militaire qui pût justifier et me faire hasarder une marche sur Gand ou Bruges, sans avoir des forces suffisantes pour garder la Lys et assurer ma communication avec Lille. L'ennemi, en force à Tournay, pouvoit insulter Lille, marcher sur mes derrières, et couper ma retraite, qui, alors, ne devenoit possible que par une marche rapide vers Bergues ou Dunkerque.

Pouvois-je, sans une combinaison certaine, hasarder une des principales forces de la France au moment où l'ennemi étoit officiellement annoncé en force très-supérieure ?

J'ai dû voir la défense générale du royaume, et je jugeai que la Lorraine étoit le point qui demandoit les plus prompts secours. Je me concertai aussitôt avec Lafayette, pour qu'il retournât sur Givet en même temps que j'évacuerois Courtray.

Arrivé à Valenciennes, je m'occupai des besoins de mon armée, besoins pressans et nombreux.

Le ministre m'annonça le changement de l'armée du centre à la place de celle du nord, et de même de celle du nord pour remplacer celle du centre. J'eus ordre de me concerter avec Lafayette sur les opérations militaires.

J'ai dit hautement que ce mouvement de troupes étoit impolitique, inconséquent et nuisible au bien de l'État. Enfin, j'observai que les généraux devoient également trouver convenable de commander toutes les troupes, et que, si le pouvoir exécutif vouloit changer le commandement des généraux d'armée, ce n'étoit pas un motif de changer les troupes; j'ai déclaré que *tous les soldats étoient pour moi ceux de la patrie, sans aucune prédilection.*

Je fis remarquer l'inconvénient d'éloigner inutilement les bataillons de campagne de 50 et 70 lieues de leur dépôt.

Qu'on réfléchisse sur ce mouvement, et on verra combien il pouvoit être dangereux, et que c'est à lui qu'on doit en partie l'état déplorable dans lequel est l'habillement des troupes.

Qu'on réfléchisse sur l'ordre qui m'a été donné de

me concerter avec Lafayette ; on jugera quel rôle on me faisoit jouer, puisque le ministre et lui étoient d'accord ; on me verra au milieu de ces intrigues si étrangères à ma loyauté, à mon caractère de soldat. Forcé d'obéir aux ordres ministériels, j'ai dû penser à sauver des dangers qui pouvoient résulter d'une faute aussi coupable.

Il étoit important de ne pas lever le camp de Maulde ; il ne falloit pas laisser Valenciennes à découvert ; en même temps je devois être en Lorraine avec le plus de force possible.

Je laissai ma seconde division, formant à peu près le tiers de mon armée, commandée par le général Dumouriez. Ce commandement étoit délicat et important: je devois y laisser un officier qui pût inspirer de la confiance. Je lui ordonnai de partir pour me rejoindre avec ma seconde division le lendemain de l'arrivée des troupes dont Lafayette étoit convenu, à huit jours de mon départ.

Les nouvelles de la marche des colonnes prussiennes et autrichiennes étoient officielles.

Je donnai les ordres les plus précis pour une marche qui doit être regardée comme une des plus rapides qui puisse se faire. On verra l'armée aller de Valenciennes à Metz, en faisant huit et neuf lieues par jour, presque pas de séjour, par des temps affreux.

Arrivé à Metz avec environ 16,000 hommes, j'apprends l'approche de l'ennemi, et je reçois en même temps la certitude que ma seconde division n'exécute pas mes ordres, et qu'elle reste en Flandres. Je n'hésite pas ; je marche à Richemont, et je fais occuper Fontoy. Mon premier soin se porte sur les places de

Metz, Thionville, Longwy et *Sarrelouis* ; je les trouve manquant des choses les plus essentielles ; les garnisons incomplètes ; Sarrelouis et Longwy sans commandant, sans argent.

Je regarde mes 16,000 hommes, et je dis aux généraux : *Il faut secourir ces places ; vous verrez l'armée d'un maréchal de France réduite au commandement qu'il a eu comme colonel ; n'importe. Nous serons tous soldats ; et si nous ne pouvons repousser l'ennemi, nous ne lui laisserons prendre aucun avantage sur nous.*

J'ai jeté deux bataillons dans Sarrelouis et dans Thionville ; j'ai donné au général Berruyer le commandement de Longwy, qu'il accepta. Peu de jours après, il me sollicita vivement de le faire rentrer en ligne ; le connoissant bon à tout, je me rendis à ses représentations réitérées. Le général Wimpfen me proposa un autre commandant, qui remplaça le général Berruyer.

Tous les jours je faisois partir des couriers pour engager Lafayette à se rapprocher de moi. J'écrivois en même temps au ministre pour avoir des troupes : des réponses dérisoires ont été tout ce que j'ai pu obtenir.

Les projets de l'ennemi n'étoient pas connus ; il menaçoit de plusieurs côtés ; ce qui m'obligea à placer mon avant-garde à la rive droite de la Moselle, vers Forback et Sarguemines. Une partie de mes forces étoit à Fontoy ; c'est-à-dire trois mille hommes. Mon corps d'armée étoit alors d'environ neuf mille hommes, contre plus de quatre-vingt mille Prussiens et Autrichiens.

Longwy, pris aussitôt qu'attaqué, a rendu ma position de Richemont très-hasardée ; cependant j'y suis resté jusqu'au moment où l'ennemi a annoncé son plan de campagne.

Il a attaqué mon camp de Fontoy, en même temps qu'il marchoit sur Etain. Ma position étoit extrêmement mauvaise ; je pouvois être tourné par une colonne, qui, en suivant un des mouvemens du maréchal de Créquy, en 1677, auroit passé par Briey et Morhange, et coupé ma retraite sur Metz. Alors il ne m'auroit laissé que le moyen de passer la Moselle sous son feu, en supposant que j'aye pu jeter un pont de bateaux.

Metz manquoit de beaucoup de choses, et j'avois expédié tous les ordres nécessaires pour donner à l'administration militaire de cette place l'action qui lui manquoit depuis long-temps. Je mis dans Metz deux bataillons de ligne des plus complets de mon armée. J'occupai la position de Frescaty, pour être en mesure de secourir Metz, ou de suivre l'ennemi sur son flanc, dans le cas où il marcheroit sur la Meuse. J'avois détaché un corps de quatre mille hommes jusqu'auprès de Frêne, sur la route de Verdun, à dix lieues de moi : j'avois recommandé à ce corps surveillance, audace et retraite.

J'observerai que toute mon armée alors étoit d'environ dix mille hommes ; que l'ennemi n'a pas osé attaquer ma retraite de Fontoy et de Richemont.

Les événemens du 10 août avoient été connus à l'armée par les papiers publics ; aucune nouvelle officielle n'étoit arrivée, parce que les commissaires avoient été arrêtés à Sedan. Les troupes et moi avons attendu les nouveaux commissaires de l'assemblée nationale avec le calme des soldats de la liberté, *fidèles à leur serment, et ne connoissant de souveraineté que celle du peuple.*

Quand je me rappelle qu'il a été dit que j'avois fait préparer des logemens pour marcher sur Paris, et que je devois m'être concerté à cet égard avec le traître Lafayette, je suis forcé de répéter ici ce que les commissaires de l'assemblée nationale ont bien voulu dire à mon éloge: c'est que, lorsque j'appris que l'avant-garde commandée par Jarry étoit en fermentation, lorsqu'au même moment je reçus d'elle une adresse sur l'événement du 10, je n'eus rien de plus pressé que d'y courir moi-même, pour faire taire le soldat, lui disant que nous étions là pour nous battre et non pour raisonner; qu'il falloit attendre messieurs les commissaires; et, quoiqu'il arrivât, qu'il falloit obéir, la nation étant avant tout; et montrant du doigt l'armée de Hohenlohe, je finis par m'écrier: *Voilà l'ennemi: c'est celui-là qu'il nous faut battre.*

Les commissaires ont rendu compte de l'armée; ils y ont particulièrement remarqué la confiance réciproque des soldats et des chefs; obéissance, discipline, l'amour de la gloire et de la liberté; enfin, il m'est flatteur de le dire hautement, *affection particulière de l'armée pour moi, pour leur vieux camarade.*

Nommé généralissime, je suis parti pour Châlons; j'ai quitté une armée qui me regardoit comme son père, parce qu'elle me connoissoit pour le plus zélé défenseur de la liberté, pour l'ami du soldat.

Arrivé à Châlons, je n'y ai rien trouvé de préparé, un état-major presque nul, des fragmens de bataillons arrivant sans formation, sans armes, sans instruction, et, ce qui étoit plus pénible encore, les esprits égarés par l'erreur, voyant leurs chefs comme des traîtres. On me soupçonnoit, moi qui ai rejeté avec indignation les propositions qui m'ont été faites par Hohenlohe àu nom de son maître , moi qui ai adopté la terre de la liberté, qui abandonnerois plutôt ma fortune à l'étranger, que de trahir mes sermens ; je dirai plus , moi qui chéris le pays où règne le véritable souverain, **LA NATION.**

PIECES

PIÈCES JUSTIFICATIVES.

N°. 1.

Copie de la lettre écrite au ministre de la guerre par M. le maréchal Luckner.

Au quartier-général, à Menin, le 24 juin 1792,
l'an 4 de la liberté.

Voyant, Monsieur, que je ne reçois point de réponse aux trois courriers que je vous ai adressés, je prends le parti de vous dépêcher M. de Valence, qui vous rendra un compte exact et circonstancié sur la position de notre armée.

Je ne puis pas aller plus avant, à moins que vous ne me donniez les moyens d'assurer mes derrières, en augmentant le nombre de troupes qui sont sous mes ordres. Ma position est bonne; mon avant-garde est forte et bien placée à Courtray, et soutenue par ma réserve campée à côté. Mais, si j'avance, je ne prévois pas pouvoir compter sur les promesses du comité belgique, qui n'a encore rassemblé que très-peu d'hommes placés à mon avant-garde.

Je puis donc seulement tenir dans la position où je suis, quoique les troupes autrichiennes augmentent beaucoup de mon côté. C'est à vous, Monsieur, à voir s'il est préférable pour la sûreté générale de la France, que je garde cette position, ou que je retourne couvrir les frontières. La lettre de M. Dumouriez à M. Lafayette annonce la marche des troupes prussiennes et la nécessité de retourner couvrir sa droite. M. Valence vous fera connoître les lettres de MM. Dumouriez et Kellermann, envoyées à M. Lafayette, qui donnent des détails sur la marche de l'ennemi et de leur projet. Voyez, Monsieur, où vous croyez que je puisse être le plus utile, et donnez-moi vos ordres sans délai. Je les attendois avec impatience par le retour du courrier parti du 18 au 19 : il est inconcevable qu'il ne soit point revenu un pareil retard peut avoir les plus grands inconvéniens.

Le maréchal de France, général d'armée,

Signé, LUCKNER.

———

N°. 2.

Extrait de la lettre du ministre de la guerre au maréchal Luckner.

Paris, le 25 juin 1792, l'an 4 de la liberté.

J'ai fait part à sa majesté, M. le maréchal, des objets importans contenus dans vos dernières dépêches. La discussion ayant été établie à ce sujet dans le conseil, il a été reconnu que l'ordre que vous avez eu de faire une marche offensive dans les Pays-Bas autrichiens, n'a été motivé que sur l'espérance des dispositions politiques qu'on pouvoit plutôt présumer qu'assurer, et que, par votre activité et vos talens militaires, vous sauriez les mettre à profit, pour peu qu'elles nous fussent favorables. Ces dispositions politiques, ou, pour parler plus clairement, la bienveillance des Belges à notre égard, et leur énergie pour se rendre libres, ne peuvent se diriger de si loin ; elles dépendent principalement des succès et de la discipline de notre armée ; et personne n'est plus en état d'en juger que vous-même. Ainsi, M. le maréchal, je suis chargé par le roi de vous prévenir que, plein de confiance en votre patriotisme, en votre prudence et en vos talens, il vous donne carte-blanche pour la suite des opérations commencées, et desire que vous continuiez à vous concerter avec M. Lafayette, tant que la proximité des deux armées pourra permettre de les faire concourir au même but.

Vous auriez tort de penser, M. le maréchal, que par cette détermination on cherche à aggraver votre responsabilité : n'y voyez, au contraire, qu'une mesure nécessitée par les circonstances, et la preuve flatteuse de la confiance de S. M. ; elle se plaît à en augurer les plus heureux effets ; mais, quel que soit l'événement, le roi et tous les bons citoyens ne verront dans vos actions que le dévouement d'un général pour le salut de la patrie, et ce n'est pas sur les hasards de la guerre qu'on calculera jamais vos efforts et votre civisme ; ils sont aussi connus par les vrais amis de l'état qu'ils sont redoutés de nos ennemis extérieurs. D'après les ordres de S. M., je fais part à l'assemblée nationale de la marque de confiance que le roi vous donne.

Signé, LAJARD.

Nᵒ. 3.

Décret de l'assemblée nationale du 3 juillet 1792, l'an quatrième de la liberté.

L'assemblée nationale décrete que le maréchal Luckner conserve la confiance de la nation. Décrete en outre que le présent décret lui sera adressé par le même courrier extraordinaire qui doit porter celui de l'indemnité accordée aux Belges incendiés à Courtray.

Nᵒ. 4.

Copie de la lettre du commissaire général de l'armée du centre.

Camp de Dampierre-sur-Auve, le premier octobre 1792.

M. Le maréchal a fait tout ce qui étoit en son pouvoir pour réunir la cour matiale de son armée. J'ai envoyé un courier à M. Injardy, commissaire-auditeur, qui étoit à Douay, pour rejoindre à Menin ; il ne m'a pas même répondu, et n'a pas encore rejoint l'armée Kellermann, où il n'y a pas plus d'auditeur qu'à celle de M. le maréchal.

M. Malus, ordonnateur-grand-juge, n'a pas joint à Menin, a été nommé en chef à l'armée du Midi, enfin tout-à-l'heure à celle du Nord.

M. Menu, commissaire des guerres, a exercé provisoirement les fonctions d'auditeur. M. le maréchal lui a renvoyé l'affaire de M. Jarry, mais il a attendu que l'assemblée nationale rendît le décret qu'elle avoit annoncé pour former la cour martiale pour juger un officier général, ainsi qu'il avoit été agité dans l'assemblée, qui n'a porté aucune décision.

Je suis pénétré de la situation de M. le maréchal; j'ai été témoin de son vrai patriotisme en toute occasion; la difficulté de s'énoncer en françois a fait croire à des expressions mal interprétées. Sa sévérité pour le service, et des demandes injustes et indiscrettes lui ont fait des ennemis; qu'il revienne en santé, il sera fort de sa conscience, de l'estime du soldat, qu'il a méritée et qu'il a encore.

Le commissaire général de l'armée,

Signé, DALENCY.

Nº. 5.

Copie de la lettre du ministre au maréchal Luckner.

Paris, le 20 juillet 1792, l'an 4 de la liberté.

Vous trouverez ci-joint, M. le maréchal, le compte que m'a rendu M. Jarry, de l'événement désastreux arrivé à Courtray lors de son évacuation. Quoique je sois porté à justifier cet officier-général, par la nature des circonstances où il s'est trouvé, il est nécessaire que ces motifs soient soumis à un examen légal : le roi et l'assemblée le desirent. Je vous prie en conséquence de faire prendre, par le commissaire-auditeur de votre armée, les informations nécessaires pour constater les faits.

J'écris à l'assemblée pour lui faire des observations sur le mode des cours martiales, qui ne me paroît pas être applicable à un officier-général, pour fait d'opérations militaires. S'il ne s'agissoit de sa part, que d'un défaut d'observation des lois, on pourroit absolument suivre le mode indiqué, en prenant des individus dans les différentes colonnes; mais, quant à sa conduite comme commandant, je crois qu'il ne peut l'être que par les officiers qui ont à-peu-près la même portion d'autorité.

Comme je pense, M. le maréchal, que vous serez du même avis, je desire que vous me mettiez à même d'appuyer mon opinion de la vôtre.

Le ministre de la guerre,

Signé, LAJARD.

N°. 6.

Extrait du rapport des Commissaires de l'Assemblée Nationale.

Pages 9 et 10. Première partie.

A cette même époque, le maréchal Luckner venoit d'apprendre indirectement qu'il étoit suspect, et qu'on vouloit le remplacer.

« Je suis innocent, nous dit-il, je n'ai rien à me reprocher. Je quitterai si on l'ordonne, mais je resterai en France; je me fixerai à Strasbourg. » Et portant la main sur son habit de général françois : « Assurez, ajoutoit-il, assurez l'assemblée nationale que jamais je ne déserterai cet habit. »

La veille il avoit dit, en notre présence, à tous les soldats : La nation est avant tout; obéissez à la nation; et les soldats avoient crié *vive la nation, vive la liberté et l'égalité, vive le général Luckner.* La garnison, la ville de Metz, et tous les citoyens, ne l'honoroient pas moins que les soldats de son armée.

La vérité se fit jour de toute part, et le maréchal Luckner fut déclaré généralissime des armées du centre, du Nord et du Rhin.

Page 39.

Quant au général Luckner, sa conduite, dans cette circonstance, a été aussi loyale, aussi patriotique qu'il fût possible de le desirer, et nous allions vous proposer de lui décerner des récompenses, lorsque nous avons appris son remplacement.

N°. 7.

Extrait de la lettre du ministre de la guerre

Paris, le 7 septembre 1792, l'an quatrieme de la liberté, et le premier de l'égalité.

Je ne puis, monsieur le maréchal, qu'approuver le parti que vous avez pris de renvoyer sur les derrieres les hommes non-armés. Ce n'est qu'en prenant ce parti que nous pouvons assurer nos subsistances, mais je penserois, M. le maréchal, que si un bataillon vous arrivoit avec deux ou trois fusils, vous pourriez conserver les hommes qui en seroient porteurs, et renvoyer le reste sur les derrieres.

Signé, J. SERVAN.

A PARIS, DE L'IMPRIMERIE NATIONALE.